BIBLIOTHÈQUE DU JEUNE AGE

VI

LAKANAL

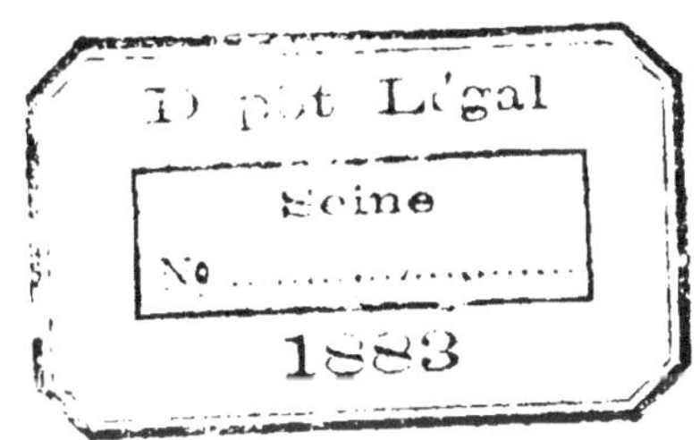

BIBLIOTHÈQUE DU JEUNE AGE

ÉDOUARD CAT, professeur agrégé d'histoire, **Vie, gloire et disgrâces de Christophe Colomb**, avec gravures.

— **Charles-Quint**, —

— **Un coin de l'Algérie**, —

RÉMY DE GOURMONT, **Un volcan en éruption**, —

— **Une ville ressuscitée**, —

— **Du Guesclin**, —

LOUIS FARGES, **Bayard**, —

— **Jeanne Darc**, —

RAOUL POSTEL, **Carnot et son œuvre**, —

— **François Ier**, —

— **Le général Hoche**. —

LAKANAL

PAR

RAOUL POSTEL

PARIS

LIBRAIRIE GÉNÉRALE DE VULGARISATION

A. DEGORCE-CADOT

Statue de Lakanal.

LAKANAL

L'heure de la réparation a, enfin, sonné pour ces hommes de la Révolution qui vainquirent l'Europe et régénérèrent la France. Il appartenait à la troisième République de restituer aux hommes de bien et aux hommes d'action qui furent les gloires les plus pures de cette grande époque, encore si calomniée, la part d'honneur à laquelle leurs mémoires avaient droit.

Le 3 septembre 1882, les habitants de Nolay érigeaient une statue à Carnot. Le 24 septembre suivant, la statue de Lakanal était inaugurée à Foix. Après avoir célébré l'homme de guerre qui, jadis, organisa la victoire, on a célébré l'homme d'étude qui mérite le titre de fondateur de l'in-l struction publique en France. Carnot et Lakana portèrent leur activité sur des théâtres bien différents ; mais il se ressemblèrent sur un point, c'est qu'ils eurent l'un et l'autre la fierté de leurs convictions républicaines. Carnot protesta au

Tribunat contre l'établissement de l'Empire. Lakanal, après avoir occupé les postes les plus en vue de son pays, vécut dans la pauvreté pour rester libre et prit le chemin de l'exil après nos désastres de 1815. Les survivants de l'ancienne Convention furent presque tous à cette hauteur : bien peu, en réalité, se rallièrent au despotisme qui surgit avec Bonaparte. On a voulu soutenir le contraire ; mais cette affirmation ne constitue qu'une légende, et cette légende doit disparaître.

Comment donc se fait-il qu'un homme qui a exercé une si grande influence sur ses contemporains ait été, pendant si longtemps, complètement oublié du grand public, et même d'une élite lettrée ? Nous ne nous chargeons pas d'expliquer ici ce fait. Nous rappelons simplement l'étonnement qu'éprouva M. Guizot, devenu ministre après 1830, lorsqu'il reçut d'Amérique un Mémoire signé d'un certain Lakanal, membre de l'Institut de France. On connaît davantage aujourd'hui l'histoire de la Révolution. Le temps a fait son œuvre. Il a mis chaque chose et chaque homme à sa place, et Lakanal a sa place marquée parmi les bienfaiteurs de l'humanité.

Déjà, en 1870, quelques voix s'étaient élevées en faveur de cet illustre citoyen méconnu. Entre autres écrivains, M. Mario Proth s'était fait le défenseur éloquent de cette cause juste. Nous ne regrettons point, quant à nous, que ces généreuses tentatives aient alors avorté, car, par un heureux concours de circonstances, c'est précisément à la veille de l'application de la nouvelle loi sur l'enseignement obligatoire que l'on a pu rendre un suprême hommage à celui qui fut, chez nous, le véritable père de l'instruction publique.

Il ne faut donc pas s'étonner que cette fête commémorative ait obtenu le plus grand succès. Les populations intelligentes et républicaines de l'Ariège, profondément reconnaissantes pour ceux qui avaient entrepris cette œuvre patriotique, avaient répondu avec enthousiasme à leur appel. Et, pour que rien ne manquât à la gloire de Lakanal, à cette multitude d'ouvriers et de paysans, accourus de tous les points du département, étaient venu s'adjoindre des savants de premier ordre, des membres de l'Institut, heureux d'acclamer leur précurseur et leur maître. Les Universités d'Italie s'étaient fait également représenter.

Lakanal est représentée debout, tenant dans la main gauche le plan de l'instruction nationale (1).

Dix orateurs se sont fait entendre, à des titres divers. Mais c'est à M. Duvaux, ministre de l'instruction publique, qu'incombait le soin de louer l'ensemble de cette existence laborieuse. Il s'est acquitté de cette tâche délicate en termes émus et applaudis. Voici, du reste, la péroraison de son remarquable discours :

(1) Cette statue est l'œuvre du sculpteur Picault.

« Ce sera, messieurs, l'éternel honneur du gouvernement de la République d'avoir mis en pratique les immortels principes de la Convention. Plus heureux que nos devanciers, nous aurons ce qui leur a manqué, l'argent et le temps; l'argent, car le Parlement, si scrupuleusement économe des deniers publics, ne mesure jamais les sacrifices quand il s'agit de l'instruction, sans laquelle la liberté n'est qu'une chimère et un danger; le temps, car la République, assise sur des bases désormais inébranlables, peut apporter chaque jour une pierre nouvelle à ce temple que rêvait Lakanal, ce temple immense, éternel, élevé à tous les arts, à toutes les sciences, à toutes les branches de l'industrie humaine, et devant les portes duquel viendront se briser toutes les résistances, car au fronton de ce temple nous avons écrit : égalité devant le mérite et le travail par la gratuité de l'école; amélioration de tous par l'obligation ; respect de la liberté de conscience par la laïcité. Devant la statue de ce grand citoyen, qui a aimé, servi, éclairé l'humanité, acclamons ce qui fut la double passion de sa vie, l'Université et la République ».

Ce discours a été suivi d'allocutions que nous devons nous borner à indiquer, mais intéressantes à divers titres. M. Massip, député de Foix, a parlé de Lakanal en se plaçant au point de vue local. M. Pascal Duprat a rappelé son séjour en Amérique. M. Janet a lu une analyse très fine et très étudiée de ses connaissances philosophiques ; c'est une étude où se trouvent toutes les qualités du philosophe qui représentait avec tant d'autorité l'Académie des sciences : il a cité également avec bonheur deux jugements remarquables portés sur Lakanal par M. Mignet et par M. de Rémusat. Après lui, M. Songeon, président du Conseil municipal de Paris, a, dans un langage plein d'élévation et d'à-propos, célébré l'administrateur. Nous croyons devoir également citer un fragment de ce discours, qui a fortement impressionné la population.

« Depuis douze ans, a dit M. Songeon, la France se recueille ; asservie, puis écrasée, mutilée pour avoir oublié la tradition des pères de la Révolution, elle a compris que, pour trouver le salut, il lui fallait reconstituer son enseignement national, se refaire une armée de tous ses citoyens, substituer enfin aux institutions des monarchies les institutions républicaines que nous avait préparées l'immortelle Convention.

» C'était là le programme de Lakanal. Qu'avons-nous fait pour le réaliser ?

» Beaucoup déjà, si nous considérons le passé. Les ministres de l'instruction publique, les municipalités, notre ville de Paris ont rivalisé d'efforts et de sacrifices pour donner au pays l'enseignement laïque, gratuit, obligatoire, universel. Il reste encore beaucoup à faire pour régénérer les programmes et les méthodes; ce sera l'œuvre de demain: tous nous saurons nous inspirer de Lakanal et de cet illustre comité de la Convention qu'il présida pendant trois ans.

» Après de longues hésitations, nous sommes à la veille de réaliser avec le service réellement obligatoire l'idéal de 92 : la nation instruite, intelligente, armée tout entière pour la défense, efficace désormais, la nation garantie par elle-même contre toute entreprise d'un pouvoir personnel.

» Il nous reste, messieurs, à rendre républicaines toutes les administrations, toutes les institutions, et nous aurons fondé la République si nous savons mettre nos consciences et nos cœurs à la hauteur de ce grand but, c'est-à-dire au-dessus des misérables questions individuelles. Soyons modestes, soyons dévoués, soyons désintéressés comme le fut Lakanal; oublions nos querelles, oublions nos personnes, ne pensons qu'à l'intérêt suprême, l'intérêt de la République et de la patrie.

» Voilà le véritable hommage que nous devons à la mémoire de Lakanal.

» Il ne fut ni girondin, ni jacobin, ni thermidorien, il ne se donna ni à Danton ni à Robespierre, il ne fut dévoué qu'à la République elle-même ».

M. Hervé-Mangon, délégué de l'Institut, a rappelé ensuite les études scientifiques de Lakanal, mais l'a surtout félicité d'avoir prouvé son dévouement à la science en sauvant ceux qui l'honoraient à cette époque. Il sauva Sicard de la mort, Lagrange de la prison. Il protégea Lacépède et Lalande. C'est à lui, d'ailleurs, que l'on doit la première application du télégraphe. Un autre membre de l'Institut, M. Faye, a fait ressortir que, pour Lakanal, la création du Bureau des Longitudes se rattachait à une grande pensée patriotique : il voulait s'en servir pour perfectionner la navigation.

M. Perrier, de l'Académie des sciences, a expliqué comment Lakanal avait créé le Jardin des Plantes et organisé le Muséum; il a donné à ces grands établissements la constitution qui les régit encore aujourd'hui. Il s'est fait surtout applaudir quand il a rapproché de Lakanal l'illustre M. Chevreul, qui, professant encore à l'âge de quatre-vingt-dix-sept ans, semble attendre, inébranlable dans sa chaire, que le siècle ait achevé ses brillantes découvertes. M. Laussedat, directeur du Conservatoire des arts et métiers de Paris, a insisté sur l'amour que Lakanal portait aux animaux. Cet amour allait si loin, que Lakanal proposa un jour à la Convention de créer une fête pour les animaux compagnons de l'homme. — « Lesquels? » s'écrièrent ses collègues. Et Lakanal, un peu impatienté, finit par leur répondre : « Vous-mêmes ! »

Enfin, un élève de l'École normale du Calvet est venu, au nom de la nouvelle école, rendre en termes émus un hommage à celui qui avait créé cette école sous la Convention.

Ces témoignages divers se complètent les uns par les autres ; ils font revivre la physionomie du savant modeste qui fut, en même temps, un grand citoyen et un homme de bien. Ils montrent encore tout ce que la Convention a fait ou préparé pour les progrès de l'instruction ; le *vandalisme* révolutionnaire est désormais un cliché auquel il faudra renoncer.

I

LA JEUNESSE DE LAKANAL

C'est à Saverdun que, lors des fêtes commémoratives, le préfet, les sénateurs et les députés du département étaient allés au-devant du train ministériel. L'Ariège commence à Saverdun, petite bourgade qui a vu naître le pape Benoît XIV ; mais la région montagneuse n'est bien dessinée qu'à Pamiers. Cette ville, siège d'un évêché, a gardé un caractère sérieux et morne ; elle est, au point de vue des mœurs et des habitudes, en opposition éclatante avec Foix, cité beaucoup plus mondaine. Pourtant, Pamiers est assez pittoresque ; elle est dominée par le Castellar, promenade en forme de labyrinthe d'où l'on peut contempler une plaine riche et fertile. Pamiers, d'ailleurs, pour être une ville épiscopale, n'a pas toujours été fort paisible. Ses évêques ont fait souvent du bruit dans le monde ; ils ont lutté tour à tour contre les papes et contre les rois. De nos jours même, c'est un évêque de Pamiers qui a protesté le dernier contre le dogme de l'Immaculée Conception. Aujourd'hui, ce sont les républicains qui continuent ces traditions belliqueuses, et ils s'acquittent bien de leur rôle.

C'est seulement à quelque distance de Foix que

commencent les montagnes. Elles sont charmantes, d'une forme harmonieuse, le plus souvent couronnées de verdure jusqu'au sommet: d'autres fois, surmontées de rochers grisâtres, elles offrent une variété de nuances et de formes qui présentent un spectacle des plus agréables, tandis que, derrière ces premiers plans, s'élèvent des glaciers couronnés d'éternelles neiges. Au pied de ces premiers contreforts est assise la ville de Foix, entourée de vallées fertiles, pleines d'ombre et d'eaux, sans cesse coupées par l'Ariège aux flots rapides et retentissants, les vallées de Varilhes, de Tarascon et de la Barguilière. Elles sont également belles, et les touristes français iraient certainement les admirer si elles se trouvaient en Suisse. C'est dans la vallée de la Barguilière que Joseph Lakanal vint au monde et qu'il vécut longtemps obscur. Son nom y est resté populaire, et il y existe encore un des membres de sa famille.

Il était né le quatorze juillet 1762 au hameau de Puget, dans le village de Serres, situé à 7 kilomètres de Foix, d'une famille de la bourgeoisie moyenne, mais fort royaliste (1). Les détails de son enfance sont peu connus. On sait

(1) L'orthographe réelle de son nom paraît avoir été *Lacanal* ; c'est, du moins, ainsi que signaient ses trois frères, l'un procureur du roi à Paris, l'autre professeur de physique à la même résidence, le troisième chirurgien dans son pays natal. Après la mort de Louis XVI, ils adoptèrent tous les trois le nom de *Puget*, pour n'avoir plus rien de commun avec un « régicide ». A son tour, et pour ne pas être confondu avec eux, le conventionnel modifia légèrement l'orthographe de son nom.

seulement qu'il fut un écolier aussi turbulent que bien doué, et qu'il se faisait remarquer par son étonnante mémoire. Son premier précepteur fut son oncle Bernard Font, alors curé de Serres, prêtre éclairé et tolérant qui devint plus tard évêque constitutionnel de Pamiers. De ses mains il passa entre celles des Pères de la Doctrine Chrétienne, chez lesquels il devint un latiniste habile, à ce point que, ses humanités à peine terminées, il passa professeur sous les auspices de la même congrégation.

On lui confia successivement plusieurs chaires de grammaire à Lectoure, à Moissac, à Gimont, à Castelnaudary. Ses directeurs, désireux de s'attacher définitivement un maître de ce mérite, l'engagèrent à prendre les ordres ; d'autre part, son oncle l'y poussait aussi. Il entra donc au séminaire de Saint-Magloire, et, après les délais voulus, reçut la prêtrise. On l'a nié, mais lui-même a noté ce fait dans des papiers qu'on a retrouvés après sa mort et qui ont été publiés. La question est donc fixée. Il est à croire, toutefois, que la vocation vraie lui manquait : Lakanal, en effet, a déclaré, en pleine Convention, qu'on avait profité d'une maladie qui lui avait affaibli l'esprit et le corps pour lui conférer le sacerdoce, et que jamais il n'avait pu se résoudre soit à dire la messe, soit à confesser. En résumé, il n'eut du prêtre que l'habit. Il n'en continua pas moins d'enseigner. Après avoir pris à l'Université d'Angers son titre de docteur ès arts, nous le retrouvons professeur de rhétorique à Périgueux, puis à Bourges. En 1785, il professait au collège de Moulins.

Quelles étaient ses idées à cette époque ? On l'ignore. Par suite de quel concours de circonstances les suffrages des électeurs de l'Ariège allèrent-ils le chercher dans sa retraite, lors des élections à la Convention ? On ne le sait pas davantage. Ce qui est certain, c'est que, dès le jour où la Convention se constitua (20 septembre 1792), Lakanal apporta à l'exécution de son mandat des idées toutes faites, et dont il ne dévia point. Les écrivains royalistes, qui ne lui ont pas pardonné son vote à l'occasion du procès de Louis XVI, se sont complu à le représenter, dans les biographies parues après 1815, comme un politique irrésolu, cherchant sa voie et ne la trouvant pas. L'allégation est fausse. Toute la vie publique de Lakanal proteste contre ce jugement intéressé.

Quand il vint siéger à Paris, au milieu de ses nouveaux collègues, il était âgé de trente ans. « Sa tenue était fort simple, raconte un de ses biographes, mais sa physionomie singulièrement heureuse : des traits réguliers, un vaste front, une abondante chevelure brune, les yeux noirs et brillants d'un enfant du Midi, des dents superbes. De cet ensemble se dégageait, au repos, une expression de fermeté et de gravité à laquelle succédait, lorsqu'il venait à parler ou à sourire, une vivacité affable et communicative ».

Dans le discours qu'il prononça, cinquante-trois ans plus tard, sur la tombe de Lakanal, l'économiste Blanqui disait : « Il s'était familia-

Mirabeau.

risé de bonne heure avec les écrits des Anciens ; il les avait traduits avec une patience de Bénédictin, et il nous citait, il y a trois jours à peine, sur ces grandes et mystérieuses questions de la Providence et de la destinée future, des passages sublimes de Cicéron et de saint Augustin ». Ce commerce perpétuel et réfléchi avec l'Antiquité explique la connaissance exacte qu'il eut des hommes, les profonds sentiments d'*humanité* qui inspirèrent toujours son action, comme aussi l'inébranlable et fier stoïcisme dont il ne cessa de faire preuve dans les heures douloureuses de sa vie. On a écrit de la Convention qu'elle fut une « Assemblée de Titans » ; la métaphore est exacte, car les hommes froidement audacieux qui la composèrent sont morts, pour la plupart, les uns foudroyés avant l'heure défintive du triomphe, les autres écrasés par la réaction sous ses débris.

II

ROLE POLITIQUE DE LAKANAL PENDANT LA CONVENTION

A son entrée dans la Convention, Lakanal dut choisir entre les deux partis qui la divisaient. Non pas qu'il fût un de ces hommes qui cherchent à se grandir et à se rendre indispensables à la faveur des luttes intestines qu'engendre fatalement toute

Révolution ; il ne recherchait que le travail et l'effacement. Sa première éducation lui avait inspiré, d'ailleurs, pour toujours la haine du retentissement inutile. Mais il lui fallait se déterminer entre les deux écoles rivales, qui prétendaient imposer à l'Assemblée leurs vues et leurs modes d'action. La *Gironde*, avec son harmonieuse éloquence, lui apparut bientôt sous son véritable aspect, comme une faction d'idéalistes auxquels les plus simples notions de politique pratique manquaient absolument. La crise du moment exigeait d'autres hommes. « Ce n'était, a-t-il dit plus tard, ni les talents » oratoires ni les qualités sociales qu'il fallait » opposer à un ennemi furieux. Rappelons le ma- » nifeste exterminateur du duc de Brunswick. Il » fallait opposer à un ennemi ivre de colère le » courage et l'audace, et ces qualités se trouvaient » réunies dans le parti opposé à la *Gironde* ». Il alla donc s'asseoir dans les rangs de la *Montagne*, mais sans se laisser jamais entraîner au hasard des influences ou des rancunes.

Son vote, quand il fallut prononcer sur le sort du roi, mit, pour la première fois, en relief l'inflexibilité de ses principes. Il se prononça résolument pour la mort sans appel et sans sursis. M. Mignet, qui n'est point assurément un apologiste du régicide, a rendu pleine justice à l'honnêteté des motifs qui lui dictèrent sa résolution. « Il regardait l'autorité monarchique, écrit cet éminent historien, comme une inconséquence aux yeux de la raison et comme un attentat envers le peuple : il en vota l'abolition. Le malheureux

Louis XVI lui parut coupable parce qu'il avait été roi, et traître envers la Révolution pour en avoir réprouvé quelques entreprises ou pour l'avoir sourdement menacée, bien qu'il l'eût si faiblement combattue : et il vota sa mort ». Lakanal, du reste, ne se repentit jamais de ce terrible vote. Quarante ans plus tard, il écrivait dans ses notes manuscrites : « L'histoire, qui n'attend aucune » indemnité pour prix de ses pleurs et de ses ex- » piations, l'histoire impartiale ne flétrira pas les » 460 jurés qui votèrent la mort. Ce grand nombre » de votants garantit la conscience de tous. Trois » hommes assis sur une estrade, poussés par » l'instinct du sang, peuvent faire tomber la tête » d'un accusé avec une horrible passion ; mais on » ne pourra jamais démontrer qu'il se soit trouvé » 460 jurés, élus de la France entière, parfaitement » unis dans cette communauté d'instincts sangui- » naires ». Enfin, le jour où il mourut, un prêtre étant venu à son chevet et ayant laissé tomber le mot de *remords*, l'ancien conventionnel répondit : « Je suis prêt à recommencer toute ma vie. Quant » à mes votes, je n'ai que quatre mots à dire, et » je les emprunte au Saint-Père : *La conscience* » *avant tout !* » (1).

Cet acte politique fut le plus important de ceux qu'il eut à accomplir pendant le cours de son mandat. Par la suite, son attitude, dans les débats

(1) Il est à remarquer avec quelle fermeté tous les *votants* ont persisté depuis, sauf d'insignifiantes exceptions, à affirmer la légitimité de leur verdict. Voir encore mon autre biographie : Carnot et son œuvre (Degorce-Cadot, 1882.)

qui passionnèrent tant de fois la Convention, fut assez effacée. Il avait un autre rôle à jouer. Pour ce rôle, le travail des bureaux suffisait.

Deux fois, seulement, Lakanal fut envoyé en mission dans les départements.

Au mois de mars 1793, il avait été chargé, avec son collègue Mauduit, d'inspecter les départements de Seine-et-Marne, de l'Oise, de l'Eure et de Seine-et-Oise. Il remarqua avec indignation que divers monuments remarquables de l'architecture féodale et religieuse avaient subi d'indignes mutilations de la part des paysans ignorants ou fanatiques. Pour mettre un terme à ces outrages antiartistiques qu'il déplorait, Lakanal présenta, au commencement du mois de juin suivant, un rapport énergique. « Des chefs-d'œuvre sans prix, déclarait- » il, sont chaque jour brisés et mutilés ; les arts » pleurent des pertes irréparables. Il est temps que » la Convention arrête ces funestes excès ». En même temps, il proposait une sanction rigoureuse que, dans sa séance du 4, l'Assemblée approuva en édictant « la peine de deux ans de fers contre quiconque dégraderait les monuments des arts dépendant des propriétés nationales ».

C'est pendant cette courte mission qu'il opéra, dans le château de Chantilly, une perquisition qui permit de faire rentrer dans le Trésor 550 kilogrammes d'or et d'argent. Il y découvrit, en outre, des correspondances secrètes du roi, de la reine, de madame Élisabeth, de M. de Calonne, ainsi que des plans secrets de campagne du prince de Condé, précieuse capture qui fut envoyée à la Convention.

L'habileté qu'il déploya en cette circonstance et la probité dont il fit preuve décidèrent, au mois de décembre de la même année, le Comité de salut public à l'envoyer comme délégué dans les départements du bassin de la Dordogne, fortement agités alors par les partisans du roi et par les séparatistes girondins. L'administration de la Dordogne, du Lot, du Lot-et-Garonne et de la Gironde se trouvait, du même coup, remise entre ses mains : il reçut les pouvoirs les plus étendus. Il ne s'agissait rien moins que de pacifier tout d'abord cette région, ensuite d'arriver à y créer un centre d'armement et d'approvisionnement pour les armées.

L'histoire impartiale de cette époque si tourmentée, et cependant si grande, reste encore à écrire. Les uns ont tout exalté en elle de parti-pris, les hommes et les œuvres ; d'autres, au contraire, se sont étudiés à tout rabaisser, celles-ci comme ceux-là, dans un but non moins intéressé. Il faut éliminer ces exagérations excessives et ne plus voir, avant tout, que la date où les réformes durent se produire, que les circonstances, presque toujours critiques, qui les nécessitèrent. L'œuvre des Conventionnels se ressentit forcément de la gravité des événements, qui ne leur permit ni hésitations ni atténuations dangereuses ; de là une certaine dureté, parfois même une certaine impassibilité cruelle, toute d'extérieur, dans l'accomplissement nécessaire de leur mandat. Mais on ne rajeunit point une nation avec des atermoiements et des défaillances. Au surplus, les Fouché, les Carrier, les Lebon, les Fouquier-Tinville ne furent que des exceptions, heureusement rares, dans cette lutte pour la vie du pays. La grande majorité des Conventionnels, presque tous élevés dans le respect des théories sentimentalistes de J.-J. Rousseau, se montra à la hauteur de sa mission, mission éminemment *humaine* dans le sens véritable du mot ; et les exigences de la tâche qui incombait à ses délégués n'empêcha jamais ceux-ci d'apporter des adoucissements à l'exécution de leur mandat, toutes les fois que ces adoucissements furent compatibles avec le maintien du bon ordre et le salut public.

Lakanal fut un de ces hommes. Chez lui, la rigueur des principes s'allia sans cesse à la générosité des moyens employés. « Tape dur ! » lui avait dit le chef principal de la Montagne en lui confiant ses dernières instructions. Lakanal pensa que la douceur unie à la fermeté d'action vaudrait mieux, et les résultats lui donnèrent raison. La disette ravageait les départements qui lui étaient confiés, et l'absence de chemins praticables empêchait de faire venir de loin des approvisionnements de toute nature : le délégué ne se décourage pas. Il fait appel à la générosité des districts les moins éprouvés, rationne provisoirement et proportionnellement les populations, impose une taxe modérée aux plus riches, et réussit, par de chaleureux appels répétés, à entraîner les masses à tracer et à creuser elles-mêmes, dans un patriotique élan, les voies de communication qui font défaut à la région. En peu de temps, l'œuvre de réorganisation est commencée. Lakanal fait abattre des forêts et transporter des bois pour l'artillerie et la flotte ; une fabrique d'armes est créée à Bergerac, d'où sortiront 20.000 fusils ; les couvents abandonnés sont transformés en ateliers pour affûts et caissons ; des forges sont installées à Védèle, et le bronze des cloches se transforme en canons ; enfin 4,000 chevaux sont rassemblés pour la remonte.

Ce n'est pas tout.

Lakanal songe aussi à l'instruction et à la moralisation du peuple. Il organise donc des commissions d'instruction sociale, un journal populaire et une propagande des principes de la Révolution dans les campagnes, avec l'aide d'orateurs convaincus et dévoués. Bien plus, il songe à supprimer les procès en faisant intervenir partout la voie des arbitrages amiables ! A cet effet, le 2 janvier 1794 il prend l'arrêté suivant : « Au nom de la patrie en larmes, au » nom de l'amour que j'ai voué à mes frères de la » Dordogne, je les invite tous à terminer par la » voie de l'arbitrage les procès qui les divisent, » et ce avant le 20 ventôse (2 février) prochain, » jour auquel doit être célébrée, dans ce départe- » ment, la fête auguste de l'Amitié ». Aujourd'hui, l'on pourra sourire de cette formule, qui paraîtra aux sceptiques blasés de notre époque l'utopie folle d'un rêveur. Nos ancêtres pensèrent autrement : tel fut l'ascendant extraordinaire de cet homme de cœur qu'il obtint, au dire des contemporains, des résultats inespérés.

Lakanal compléta son œuvre en améliorant les

hospices, en ouvrant des écoles primaires, en organisant des cours d'agriculture, en fondant des bibliothèques populaires, autant de créations qu'il mena à bien, malgré la médiocrité des ressources dont il disposait. Nous n'avons pu mieux faire, au temps présent, que de l'imiter.

Et comment accomplit-il cette tâche ardue ? Dans ces départements, où régnaient à son arrivée la contre-révolution et l'anarchie, il n'ordonna pas une seule arrestation !

Même il risqua, parfois, sa vie pour sauver celle des autres. Ayant été dénoncé à la Convention pour avoir fait gagner la frontière à un de ses anciens condisciples, prêtre insermenté, Marat répondit à ceux qui l'accusaient de trahison : « Lakanal travaille trop pour avoir le temps de » conspirer ». Le Comité de salut public se borna à lui renvoyer de Paris la lettre du dénonciateur. C'est ici que se produit un épisode grandiose. Aussitôt cette lettre reçue, Lakanal écrit à son accusateur :

« J'avais reçu la mission expresse de te faire » arrêter, parce que tu avais signé une pétition » calomnieuse contre moi. Mais, lorsque Lakanal » est juge dans sa cause, ses ennemis sont assurés » de leur triomphe ; il ne sait venger que les » injures de la patrie. Je t'obligerai lorsque je le » pourrai. C'est ainsi que les représentants du » peuple repoussent les outrages. Tu as cinq » enfants devant l'ennemi : c'est une belle » offrande que tu fais à la liberté. Je te décharge » de la taxe révolutionnaire ».

Une pareille lettre est digne de l'Antiquité. On conçoit que celui qui l'a écrite ait pu dire avec fierté : « J'ai fait tout avec le levier de la raison, » rien avec le tranchant de la guillotine ».

Sa mission terminée, Lakanal revint à Paris. A partir de ce moment, son rôle est à peu près passif : il ne figure plus guère, à la Convention, que par ses votes. De même, il ne prit aucune part au mouvement du 9 Thermidor. Il profita seulement de ce qu'il était chargé d'instruire contre les complices de Robespierre pour sauver l'abbé Sicard, compromis par une dédicace imprudente à Couthon.

Peu après, il réussissait à faire autoriser l'impression, aux frais de l'État, d'une traduction des œuvres de Bacon, trouvée dans les papiers d'un condamné de Thermidor. C'est encore lui qui soumit à la Convention le programme de la fête funèbre ordonnée pour le transport des cendres de J.-J. Rousseau au Panthéon : il sut décider l'Assemblée à ne pas inviter à la cérémonie Thérèse Levasseur, dont l'influence fut si fatale au malheureux écrivain (16 septembre 1794).

Au mois d'août 1795, au moment où les pouvoirs de la Convention allaient finir, il crut devoir motiver son opinion sur la manière de remplacer et de désigner le tiers des membres qui devaient sortir de l'Assemblée. Ayant vu de trop près les abus auxquels peut être entraînée une Chambre unique souveraine, il n'hésita point à se montrer favorable à la division du pouvoir législatif entre deux Conseils, qui furent celui des Cinq-Cents et celui des Anciens. Au mois d'octobre suivant, il proposait la démolition du Palais-Royal, devenu le refuge des agioteurs qui décriaient les assignats. Enfin, indigné que les sections n'eussent aucunement secouru l'Assemblée pendant l'insurrection des 13 et 14 Vendémiaire, il demanda le désarmement de cette milice, l'expulsion hors de Paris de ceux qui n'habitaient pas la capitale avant 1789, et la formation d'une garde spéciale affectée à la sécurité du Corps législatif.

Avec la Convention se termine la période véritablement historique de la vie de Lakanal (26 octobre 1795).

III

SON ROLE SOUS LE DIRECTOIRE, LE CONSULAT ET L'EMPIRE

L'Ariège et quatre autres départements envoyèrent Lakanal au Conseil des Cinq-Cents : il y siégea jusqu'au 20 mai 1797. Ce fut sur sa proposition que le serment de haine à la royauté, obligatoire pour tous les fonctionnaires publics, dut être signé individuellement par tous les membres du Conseil et déposé aux archives, « monument authentique destiné, ainsi que le remarque un précédent biographe, à attester plus tard tant d'illustres parjures ». Lui, du moins, ne se démentit pas.

En 1795 (nivôse an IV), il fut nommé membre de l'Institut, aussitôt après la formation de ce corps savant : il y entra dans la section des Sciences morales et politiques, où il se trouva en compagnie de l'élite des hommes de l'époque, Volney, Garat, Ginguené, Deleyre, Cabanis, Bernardin de Saint-Pierre, Mercier, Grégoire, Daunou, Cambacérès, Merlin (de Douai), Pastoret, Sieyès, Dacier, Anquetil, etc. Ballotté une première fois par La Réveillère-Lépeaux, auquel sa haute situation de président du Directoire permit de l'emporter de deux voix, il passa, lors du second vote des membres électeurs, à l'unanimité des suffrages. Le sentiment public ratifia, cette fois, le choix de l'Académie. Je ne crois pas que semblable ratification se soit souvent renouvelée depuis. Napoléon supprima bientôt cette section, qui comprenait certaines individualités par trop indépendantes. Lakanal s'en consola facilement. Il ne devait être réintégré à l'Institut que par le gouvernement de Juillet.

Porté de nouveau au Corps législatif, en 1798, par les électeurs de Seine-et-Oise, il déclina leurs suffrages, déclarant formellement qu'il se retirait désormais « à l'écart avec ses livres et quelques amis, les seuls biens dont son cœur fût avide ». Il ne se décida à sortir de sa retraite que pour aller réorganiser les quatre départements cis-rhénans qui, rendus à la France par le traité de Campo-Formio, étaient devenus la proie d'ordonnateurs et de fournisseurs éhontés. Il sévit contre les coupables, les força de rendre gorge, indemnisa leurs victimes, fit renaître la sécurité et l'aisance dans ce pays ; puis, il s'occupa d'approvisionner et de mettre en état de défense Mayence, Clèves, Ehrenbreitsten, Landau, Düsseldorf et Juliers, de façon à opposer une barrière infranchissable à tout retour offensif des armées ennemies.

Il venait de terminer cette nouvelle et brillante campagne administrative quand, au moment où l'on y pensait le moins, Bonaparte accomplit son coup d'État. Les écrivains royalistes de 1815, si remplis d'acrimonie à l'égard de Lakanal, ont reconnu néanmoins fort explicitement qu'il se prononça hautement contre le 18 Brumaire. « Depuis lors, ajoute l'un d'eux, il se refusa constamment à toutes les avances qui lui furent faites par Bonaparte pour accepter de l'emploi dans son gouvernement ». Ces paroles ne constituent-elles pas le plus bel éloge qu'on puisse faire du caractère et de la fermeté républicaine de Lakanal ? Quand il résigna ses pouvoirs, le nouveau triomphateur lui avait écrit : « Les services importants que vous avez rendus à tant d'hommes distingués vous mériteront dans tous les temps des droits à l'estime des hommes. Vous pouvez compter sur le désir que j'ai de vous en donner des preuves ». Le stoïcisme hautain de Lakanal préféra une indépendante obscurité. Ayant été nommé, un peu plus tard, membre de la Légion d'honneur, il ne refusa pas bruyamment cette distinction, mais il s'abstint de prêter le serment et ne reçut pas la croix.

Cependant, il fallait vivre. Cet homme qui, dans ses diverses missions, avait touché 1 million 496,000 francs, somme énorme pour cette époque, sans qu'on lui demandât aucuns reçus et sans avoir à subir aucuns contrôles, cet homme était resté pauvre. Aujourd'hui encore, ses adversaires les plus acharnés (ou plutôt les adversaires des institutions dont il est resté la personnification la plus haute) n'osent pas lui contester cette absolue intégrité. Il n'hésita pas à reprendre son ancien métier de professeur. Il se contenta tout d'abord d'une chaire de langues anciennes à l'école centrale de la rue Saint-Antoine (aujourd'hui lycée Charlemagne), puis, en 1804, et par suite de raisons de santé, devint économe du lycée Bonaparte. « Il n'aurait pas voulu, a dit fort justement M. Despois, de fonctions plus hautes ». Lakanal occupait ses loisirs en préparant une édition des œuvres posthumes de J.-J. Rousseau et en travaillant à la rédaction d'un traité d'économie politique. En même temps, il revoyait et réunissait ses discours à la Convention. Le 20 septembre 1807, il se fit initier à la Franc-Maçonnerie (loge de Bruxelles).

En 1809, il se retira de l'Université avec une modeste pension de 3,000 francs, rémunération dérisoire des incalculables services qu'il avait rendus à l'instruction publique. Mais elle lui suffit. Lakanal disparut alors complètement de la scène publique jusqu'en 1815, date à laquelle son nom fut remis en lumière. Le gouvernement des Bourbons le condamna à l'exil. Sur

le champ, il s'embarqua pour les États-Unis.
Avant de terminer sa biographie, il nous faut dire, maintenant, quelle a été son œuvre.

IV

L'ŒUVRE DE LAKANAL. — SES PRÉCURSEURS

Lakanal eut l'honneur de présider le Comité de l'instruction publique, où figurèrent Louis David, Guyton-Morveau, Fourcroy, Romme, Grégoire, Thibaudeau, Boissy d'Anglas, Chénier, — ce Comité à propos duquel un historien royaliste, M. de Riancey, a dit : « L'histoire n'a pas enregistré sans une sorte d'étonnement mêlé de frayeur l'activité dévorante de la Convention. Or, parmi les douze Comités qui la composaient, le Comité de salut public seul peut être comparé, pour sa terrible ardeur, à celui de l'instruction publique ». Ardeur terrible, en effet, que celle de ces hommes à qui la France dut tout un progrès nouveau. Dans cette œuvre gigantesque, Lakanal eut une part prépondérante.

N'exagérons rien, cependant, et jugeons impartialement les faits. A une conscience droite, à une intégrité parfaite, à un labeur assidu et fécond Lakanal joignit, surtout, une heureuse chance qui lui a fait son renom : la chance d'arriver à l'heure propice, alors que la réorganisation de l'enseignement était devenue nécessaire et possible ; nécessaire, par suite du désarroi général et de l'insuffisance notoire de l'ancien système ; possible, par suite des études déjà faites, des projets déjà élaborés, — celui de Mirabeau, celui de M. de Talleyrand, celui de Condorcet, d'autres encore, où il puisa. Très dévoué à sa tâche, Lakanal fit au Comité de l'instruction publique ce que faisait Carnot au Comité de la guerre : il travailla sans écouter les bruits du dehors, et, entre deux défilés des sections, dans ces séances agitées dont M. Taine a tracé un portrait si vivant, il fit voter des mesures très simples, très sages, très utiles. Rien ne le détourna de son but pratique, et il réussit à l'imposer. Là fut son mérite, là est sa gloire.

Mirabeau, dans son *Travail sur l'instruction publique*, publié par son ami Cabanis après sa mort, ne s'était préoccupé que des grands points de vue de la question, laissant aux législateurs ultérieurs le soin d'en étudier et d'en régler les détails. Un bon système d'éducation publique lui semblait, à juste titre, le seul moyen de combler promptement l'intervalle immense que la Constitution politique nouvelle venait de mettre tout à-coup entre l'état des choses et celui des habitudes ; c'est de lui seul qu'on devait attendre « ce complément de régénération qui fondera le bonheur du peuple sur ses vertus, et ses vertus sur ses lumières ». Les législateurs auront donc

Talleyrand-Périgord.

« pour objet unique de rendre à l'homme l'usage de toutes ses facultés, de le faire jouir de tous ses droits, de faire naître l'existence publique de toutes les existences individuelles librement développées et la volonté générale de toutes les volontés privées, constantes ou variables ». En même temps, Mirabeau considérait comme une nécessité fondamentale de ne soumettre les établissements d'instruction qu'aux magistrats élus et fréquemment renouvelés par le peuple. Toutefois, il ne croyait pas l'éducation gratuite nécessaire, alléguant que le maître qui reçoit un salaire est bien plus intéressé à perfectionner la méthode d'enseignement, et le disciple qui le paye à profiter de ses leçons.

Au mois de septembre 1791, Talleyrand déposait, à son tour, un second plan. Il y établissait que l'enseignement primaire doit être gratuit, parce que « son but principal est d'apprendre aux enfants à devenir un jour des citoyens ». Mais il repoussait le principe d'obligation. « La nation, disait-il, offre à tous le bienfait de l'instruction, mais elle ne l'impose à personne. Elle se défendra des erreurs de cette République austère qui, pour établir une éducation strictement nationale, se vit obligée de briser tous les liens des familles, tous les droits de la paternité par des lois contre lesquelles s'est soulevée, dans tous les temps, la loi de la nature. Elle saura atteindre le même but par des voies légitimes. Elle se contentera d'inviter les parents, au nom de l'intérêt public, à envoyer leurs enfants à l'instruction commune, comme à la source des plus pures leçons et au véritable apprentissage de la vie sociale ».

Dans son remarquable rapport en date du mois d'avril 1792, Condorcet établissait également le principe de la gratuité, mais encore de la gratuité à tous les degrés de l'enseignement. Pour ce qui concernait plus spécialement l'instruction primaire, il voulait que toute collectivité de maisons renfermant 400 habitants possédât son école et son maître. L'enseignement, qui devait durer quatre ans, comprenait : lecture, écriture, notions grammaticales, règles de l'arithmétique, de l'arpentage et du toisé ; description élémentaire des productions du pays, des procédés de l'agriculture et des arts ; développement des premières idées morales et des règles de conduite qui en dérivent ; enfin, ceux des principes de l'ordre social qu'on peut mettre à la portée de l'enfance. Il réservait, également, une place importante aux exercices gymnastiques. — En outre, chaque dimanche, l'instituteur devait faire des conférences aux adultes, et leur expliquer, notamment, cette partie des lois dont l'ignorance empêcherait un citoyen de connaître ses droits et de les exercer. Il proposait encore l'établissement d'écoles primaires pour les filles. Pour ce qui concernait la question religieuse, il abandonnait aux parents le soin d'élever leurs enfants dans le culte qu'ils professaient eux-mêmes, l'État devant être considéré comme absolument incompétent en ces matières, de telle sorte, concluait-il, que « la puissance publique n'aura point usurpé sur les droits de la conscience, sous prétexte de l'éclairer et de la conduire».

Ces divers projets, émanés de l'initiative des membres des deux Assemblées précédentes, devaient être sommairement analysés pour permettre l'intelligence de ceux que la Convention discuta plus tard, et dont Lakanal fut le rapporteur.

D'autres opinions de détail se firent jour dès le début. C'est ainsi que le girondin Lanthenas demanda la suppression absolue des corrections corporelles dans les écoles, et qu'un autre girondin, Ducos, repoussa énergiquement l'admission dans l'enseignement primaire des prêtres et des Frères de la Doctrine Chrétienne. Mais ce fut à ce dernier qu'on dut l'admission du principe d'obligation : tant que par une instruction commune, déclara-t-il, on n'aura pas rapproché le pauvre du riche, le faible du puissant, « la République sera toujours divisée en deux classes, les citoyens et les messieurs! » La Convention fit droit à cette requête en décrétant le texte suivant : « Les écoles primaires formeront le premier degré d'instruction. On y enseignera les connaissances rigoureusement nécessaires à tous les citoyens. Les personnes chargées de l'enseignement dans ces écoles s'appelleront instituteurs ». La loi du mois d'août 1793 déclara, peu après, l'instruction primaire obligatoire.

Rappelons encore, à titre de simple mention, le projet trouvé dans les papiers de Le Pelletier de Saint-Fargeau, véritable utopie ayant la prétention de ramener la France aux mœurs de Sparte! Son auteur y préconisait l'éducation identique et commune des filles et des garçons de cinq à douze ans, rassemblés à demeure dans des maisons nationales. L'inanité d'un pareil plan n'eut pas de peine à être démontrée.

V

LAKANAL ET L'ENSEIGNEMENT

Lakanal fut le premier qui eut l'honneur d'émettre et de faire adopter des idées pratiques en cette difficile et urgente matière.

L'Assemblée avait un Comité d'instruction publique plus actif que puissant. Elle-même était fortement préoccupée des questions d'enseignement, puisqu'elle s'était obligée, par un décret formel, à consacrer trois jours par décade à cet important sujet, jusqu'au jour où la loi organique serait faite (décret du 22 thermidor an II). L'Assemblée ne réussit pas à se tenir parole à elle-même : mais son Comité d'instruction publique était infatigable; l'inutilité même de ses décrets n'arrêtait pas sa fécondité. Il avait pour organ habituel Lakanal, dont le zèle ardent ne cessa de provoquer des réformes. Qu'on en juge!

Le 17 mai 1793, il obtient pour l'Académie des

sciences la permission de pourvoir aux places vacantes dans son sein, malgré un décret antérieur qui proscrivait toute nomination nouvelle; le 22 mai, il fait payer le traitement des Académiciens, en dépit des lois somptuaires imposées par une dure nécessité; le 30 mai, il opère la translation au Muséum de la collection d'histoire naturelle de Chantilly; le 6 juin, il fait rendre un décret sévère contre ceux qui dégraderaient les monuments artistiques dépendant des propriétés nationales; le 13 juin, c'est sur sa proposition que l'Assemblée établit un concours pour la composition des livres élémentaires destinés à l'instruction publique; le 18 et le 19 juin, il sauve de la ruine les écoles militaires, qu'il devait détruire plus tard, mais en les remplaçant; enfin, le 26 juin, il porte à la tribune un projet complet d'instruction nationale. « Lakanal, a dit M. J. Simon, avait un zèle incomparable qui, en administration, lui tenait lieu de génie ». C'est, précisément, ce qu'il fallait à l'époque où il figura.

Le projet de Lakanal ne ressemble guère aux vastes conceptions générales de Talleyrand et de Condorcet. La République, de plus en plus démocratique, est alors surtout préoccupée des connaissances utiles et de celles qui peuvent devenir universelles. Lakanal établit d'abord des écoles nationales, dirigées par des institutrices, pour les enfants des deux sexes, et dans lesquelles on n'enseigne que les premiers éléments de la lecture et de l'écriture. Après ce premier enseignement, les garçons passent dans les mains de l'instituteur, qui achève de les perfectionner dans la lecture et l'écriture, leur enseigne les règles de l'arithmétique, « l'art de se servir de dictionnaires », et les premières connaissances de géométrie, de physique, de géographie, de morale et d'ordre social. Si l'on ajoute à cela des exercices militaires, de l'hygiène, quelques visites dans les manufactures, quelques travaux manuels pour les garçons, la couture pour les filles, on aura à peu près tout l'ensemble de l'éducation proposée par Lakanal. Il n'est plus question, comme dans les deux projets précédents, d'écoles de district ou de département, d'écoles spéciales, d'Institut national. « La » nation accordera aux enfants peu fortunés qui » auront montré dans les écoles nationales le plus » de dispositions pour les sciences, lettres et » arts, des secours particuliers qui les mettent à » portée d'acquérir des connaissances supérieures » et des talents dans les écoles particulières, au» près des professeurs libres ». Cela revient à dire que l'État donnera, dans ses propres écoles, l'enseignement primaire, et qu'il laissera l'industrie privée maitresse de donner l'enseignement supérieur, en se réservant seulement le droit de fonder des bourses dans les écoles libres.

On serait, cependant, injuste envers Lakanal si l'on croyait qu'il abandonne absolument l'enseignement supérieur à l'industrie privée. Il institue, comme ses devanciers, des fêtes nationales, des concours publics; il entre même dans des détails un peu puérils, qui ne doivent pas nous cacher ce qu'il y a, au fond, de sensé dans cette éducation continuée au-delà des écoles par des cérémonies patriotiques. Un secours plus efficace consiste dans les cours d'adultes confiés aux instituteurs, et dans les bibliothèques libéralement multipliées. L'enseignement est dirigé par une Commission centrale d'instruction publique, placée près du Corps législatif, sous son autorité immédiate, et nommée par lui. Nous remarquerons, comme un trait de mœurs qui peint bien l'époque, que les douze membres de la Commission centrale et les membres des bureaux d'inspection, qui concourent avec eux à l'administration de l'enseignement public, ont le même traitement que les instituteurs.

On peut louer Lakanal d'avoir exigé au moins un instituteur public par mille habitants, d'avoir placé, dans chaque école, une institutrice à côté de l'instituteur, d'avoir pleinement reconnu les droits de l'enseignement. Le système qu'il adopte pour la nomination des instituteurs paraît aussi simple que judicieux. Le bureau d'inspection propose son candidat à l'administration du district. Si ce candidat est refusé, le bureau fait un second choix. L'administration du district peut alors proposer, de son côté, un candidat, et la Commission centrale décide entre les deux propositions. Ce projet fut bien accueilli ; mais il ne fut pas voté. L'enseignement des filles, qu'il mettait sur le même rang que celui des garçons, demeura également à l'état d'utopie ; et nous voyons le même Lakanal en proposer la création, dans les mêmes termes, le 25 octobre 1795. Pour cette fois, le décret fut voté en deux articles, que voici : « Art. 1er. — Chaque école primaire sera divisée en deux sections, une pour les garçons, l'autre pour les filles. En conséquence, il y aura un instituteur et une institutrice. Art. 2. — Les filles apprendront à lire, à écrire, à compter, et les éléments de la morale républicaine. Elles seront formées aux travaux manuels de différentes espèces utiles et communes ». Ce succès tardif, obtenu par Lakanal pour une idée si simple et si juste, n'alla pas jusqu'à la création des écoles de filles ; demandées par lui en 1793, elles furent votées à la fin de 1795, mais elles ne furent pas créées. Aujourd'hui même, après tant d'événement révolus, tant d'expériences chèrement acquises, elles ne le sont pas encore d'une façon complète.

Il est vrai de dire que l'organisation de l'instruction fut longtemps un véritable travail de Pénélope. En 1793, notamment, on était loin d'être d'accord. Lakanal se rattachait par plus d'un côté aux travaux de Talleyrand et de Condorcet (lesquels n'ont pu être analysés suffisamment ici) ; mais il y avait un autre parti, dans la Convention, qui voulait commencer par l'éducation commune l'ère de la dictature complète. Robespierre revint, dans la séance du 25 juillet 1793, sur le projet d'éducation uniforme dont il avait emprunté la première pensée à Le Pelletier de Saint-Fargeau. L'abbé Grégoire le combattit, cinq jours après, dans un discours fort sensé, qui exprimait l'opinion de la majorité, mais qui n'en exprimait pas la volonté, car, asservie dès lors à la Montagne, elle n'osait plus être elle-même. Si elle s'abstint de soumettre les enfants au dur niveau de l'éducation commune, ce fut tout ce qu'elle osa prendre sur elle : l'inaction, dans cette matière, fut son seul courage. Il n'est plus question du rapport de Lakanal et des propositions du Comité. L'Assemblée ne pouvait se résoudre ni à ajourner l'organisation de l'instruction publique, ni à la voter. Lakanal, cependant, ne se décourageait pas. Le 19 juillet, il faisait consacrer par un décret la propriété des auteurs. « De toutes les propriétés, » disait-il, la moins susceptible de contestation, » celle dont l'accroissement ne peut ni blesser » l'égalité républicaine, ni donner d'ombrage à la » liberté, c'est, sans contredit, celle des productions du génie ». Sept jours après, il obtient une récompense pour Chappe, l'inventeur du télégraphe : l'Assemblée éclate en applaudissements quand Lakanal déclare qu'une dépêche peut être transmise de Valenciennes à Paris en treize minutes quarante secondes. Le 30 août, il organise l'Observatoire de Paris. Le 15 septembre, il fait voter en principe que, « indépendamment des » écoles primaires, il sera établi dans la République » trois degrés progressifs d'instruction : le premier, « pour les connaissances indispensables aux artistes et aux ouvriers de tous les genres; le second, » pour les connaissances ultérieures nécessaires à » ceux qui se destinent aux autres professions » de la société; et le troisième, pour les objets » d'instruction dont l'étude n'est pas à la portée » de tous les hommes ». Voilà, en termes assez vagues du reste, la division actuelle de notre enseignement, en y comprenant même l'enseignement professionnel.

Malgré tous ces efforts, rien n'avançait. « La » Révolution est commencée depuis cinq ans, » disait Lakanal en présentant, le 24 octobre 1794, » son projet d'organisation pour les Écoles nor- » males, et on n'a encore rien fait pour l'instruction ! » Les décrets ne manquaient pas, ni peut-être la bonne volonté, mais le temps et l'argent, et aussi les hommes capables. « Une bonne loi sur » l'instruction, dit encore Lakanal dans ce même » rapport, doit terminer la Révolution dans la » République française, et en commencer une » dans l'esprit humain ». C'était un homme de foi, et l'ardeur de ses convictions le mettait au premier rang dans le Comité de l'instruction publique où ils n'étaient que six membres, et où Marie-Joseph Chénier siégeait à côté de lui.

Le rapport dont nous venons de citer quelques mots est celui qui eut pour conséquence la création des Écoles normales. On voit qu'il mit tous ses soins à le rédiger, parce qu'il le considérait comme l'œuvre importante de sa vie. Ce rapport est très mal écrit, en vrai style du temps, emphatique et vide. Les Écoles normales, organisées à grands frais, n'eurent qu'une existence éphémère. Il y avait, pourtant, là une bonne pensée, qui fut réalisée plus tard : peut-être même les idées philosophiques de Lakanal sur la méthode à suivre dans l'enseignement ne sont-elles pas à dédaigner, malgré leur exagération et les développements bizarres qu'il leur donne. La méthode qu'il préconise, c'est l'analyse, telle que l'avaient enseignée ou pratiquée Bacon et Locke, « instrument indispensable, » dit-il, dans une grande démocratie ». Jusqu'à ce moment, la Convention ne s'était occupée que des écoles primaires : elle avait omis l'enseignement supérieur, qui tenait une si large place dans les projets de Talleyrand et de Condorcet. Pourquoi? Lakanal va nous le dire. « C'est que les » tyrans que vous venez de renverser craignaient » les hommes éclairés, comme les brigands et les » assassins craignent les réverbères ». A présent que le Comité de salut public est renversé, la Convention peut donner carrière à l'esprit humain et régénérer la nation au moyen de l' « analyse ». On comprend ce qu'il y a de sérieux sous cette phraséologie ridicule. Pendant un moment, heureusement bien court, on avait voulu réaliser l'égalité par l'abaissement : désormais, on comprenait que la seule égalité souhaitable et possible est l'égalité devant la loi ; en un mot, on ne confondait plus la supériorité intellectuelle avec l'aristocratie.

La Convention fit donc, cette fois, l'inverse de ce qu'elle avait fait jusque-là : elle n'avait songé qu'aux écoles inférieures ; elle décréta les écoles supérieures, ou Écoles normales, qu'il s'agissait d'organiser. Cette idée, en apparence bizarre, puisqu'on commençait l'édifice par le faîte, était, au contraire, très pratique ; car la France manquait de maîtres, et il fallait en créer avant tout, si l'on voulait créer des écoles. « Nous n'allons pas enseigner les sciences, disait le rapporteur, mais l'art de les enseigner ». Mot profond, que, de nos jours, on a trop perdu de vue. Tous les départements devaient envoyer des élèves-maîtres à Paris; là, ils seraient entretenus aux frais de l'État et recevraient les leçons des hommes les plus illustres : une fois imbus des saines doctrines, ils retourneraient dans leurs départements pour y ouvrir, à leur tour, des Écoles normales et y former des instituteurs. Voilà le plan, simple et grandiose, que proposait Lakanal. Malheureusement, il fut gâté par la précipitation. Le cours normal de Paris ne dura que quatre mois : on n'eut pas même le temps de commencer. Les conférences ne furent que des cohues. On croyait, alors, que les grandes choses s'improvisent. Passe pour les Constitutions! mais l'éducation est une œuvre qui veut de la durée. L' « analyse », sur laquelle comptait Lakanal, n'eut pas le temps de faire ses miracles.

La Convention n'épargna rien, toutefois, pour donner de l'éclat à l'École normale de Paris. Elle mit à sa tête deux de ses membres, Lakanal et Sieyès, ce dernier remplacé ensuite par Deleyre. Elle fit composer tout exprès des ouvrages. Elle nomma professeurs des hommes de premier ordre : La Place et Lagrange, pour les mathématiques; Haüy, pour la physique; Monge, pour la géométrie descriptive ; Daubenton, pour l'histoire naturelle; Berthollet, pour la chimie; Thouin, pour l'agriculture; Buache et Mentelle, pour la géographie ; Volney, pour l'histoire; Bernardin de Saint-Pierre, pour la morale; l'abbé Sicard, pour la grammaire; Garat, pour l'analyse et l'entendement; La Harpe, pour la littérature. Le cours d'économie politique ne fut créé que plus tard. Tous ces choix furent proposés par Lakanal. Le recueil des leçons a été sténographié, et il mériterait d'être plus connu. Plus d'un élève envoyé par les départements était de force à embarrasser le maître : nous nous bornerons à citer, entre autres, Saint-Martin, *le philosophe inconnu* si fameux, lequel rendit bien difficile la tâche de Garat. Avec tout cela, l'École normale manqua son but, et personne n'en fut étonné, si ce n'est peut-être Lakanal.

Le nouveau projet de loi sur les écoles primaires, dont la discussion commença le 26 brumaire an III (16 novembre 1794), eut encore pour auteur et pour rapporteur Lakanal, et ne s'écarta point de celui qu'il avait proposé le 26 juin de l'année précédente. Nous signalerons l'article 5, ainsi conçu : « Dans toutes les communes de la République, les ci-devant presbytères sont mis à la disposition des municipalités pour servir tant au logement de l'instituteur qu'à recevoir les élèves pendant la durée des leçons ; » — l'article 7: « Il y aura près de chaque administration de district un jury d'instruction composé de trois membres, nommé par le Conseil d'administration du district et pris hors de son sein » : — l'article 2 du chapitre IV, qui fixe les objets d'instruction dans les termes suivants : « Dans l'une et l'autre section de chaque école (c'est-à-dire dans la section des garçons et dans celle des filles), on enseignera aux élèves : 1° A lire et à écrire, et les exemples de lecture rappelleront leurs droits et leurs devoirs ; 2° la Déclaration des Droits de l'homme et du citoyen, et la Constitution de la République française ; 3° on donnera des instructions élémentaires sur la morale républicaine ; 4° les éléments de la langue française, soit parlée, soit écrite ; 5° les règles du calcul simple et de l'arpentage ; 6° des instructions sur les principaux phénomènes et les productions usuelles de la nature ; on fera apprendre le recueil des actions héroïques et les chants de triomphe ». Les instituteurs recevaient partout le même traitement, non pas, cette fois, par une idée chimérique d'égalité, puisque, dans un décret rendu peu de temps après, Lakanal proposa un traitement élevé pour les professeurs des écoles centrales, mais afin d'assurer aux campagnes les avantages d'une bonne instruction. « Nous ne faisons pas, disait-il à ce sujet, descendre les instituteurs des villes au minimum » de ceux des campagnes, ce sont les instituteurs » des campagnes que nous élevons au maximum » de ceux des villes ». Les dispositions du premier projet sur l'hygiène, les ouvrages manuels, les récompenses, etc., ainsi que sur la nomination des instituteurs et des institutrices, sont reproduites textuellement. La liberté de fonder des écoles libres est également reconnue, comme elle l'avait été l'année précédente. Le principe de l'obligation est proclamé pour la première fois dans un projet sérieux, à côté de la liberté d'enseigner. « Les jeunes citoyens qui n'auront pas fréquenté les écoles, dit l'article 14, seront examinés en présence du peuple à la Fête de la Jeunesse ; s'il est reconnu qu'ils n'ont pas les connaissances nécessaires à des citoyens français, ils seront écartés, jusqu'à ce qu'ils les aient acquises, de toutes les fonctions publiques ».

Les Écoles normales ne devaient avoir qu'une durée temporaire; les écoles fondées par le décret de novembre 1794 ne pourvoyaient qu'aux nécessités de l'enseignement inférieur. Il restait à créer dans les chefs-lieux de département des écoles permanentes d'enseignement supérieur : tel fut le but du décret proposé par Lakanal dans la séance du 7 ventôse an III (25 février 1795). Les nouvelles écoles prenaient le nom d'*écoles centrales ;* il y en avait une pour 300,000 habitants. L'enseignement comprenait : les mathématiques, la physique et la chimie expérimentales, l'histoire naturelle, la logique, l'analyse des sensations et des idées, l'économie politique et la législation, l'histoire philosophique des peuples, l'hygiène, la grammaire générale, les belles-lettres, les langues anciennes, les langues vivantes, les arts du dessin, les arts et métiers. Ce dernier enseignement était confié à un seul professeur, ainsi que celui des langues anciennes. Les élèves qui avaient obtenu les suffrages du peuple à la Fête de la Jeunesse recevaient une pension annuelle pour suivre les écoles centrales et prenaient le nom d'*élèves de la patrie*.

Tels sont les principaux travaux de Lakanal comme membre du Comité de l'Instruction publique.

Condorcet.

4

On lui doit, ensuite, la création de l'École des Langues orientales vivantes (30 mars 1795). Nous croyons devoir citer encore les passages suivants du rapport qu'il présenta à cette occasion : « Négliger la connaissance des langues orientales, » qui servent d'organe à la diplomatie, ne serait- » ce pas abandonner la carrière des consulats à » des hommes incapables de stipuler utilement » pour les intérêts de la République? Ne serait-ce » pas rompre inconsidérément tous ses liens de » correspondance avec les autres nations, détruire » toutes ses relations antérieures? Je dirai plus, » ce serait outrager l'humanité, qui vous fait un » devoir de commettre les destinées de la nation » française plutôt à la sagesse des négociations » qu'à la décision du glaive..... Il est instant d'en » assurer l'enseignement parce que sans elles il » est impossible de négocier avantageusement » avec les naturels de l'Asie. D'un autre côté, les » savants et les artistes tireront des différents » ouvrages orientaux sur l'astronomie, la chimie, » la médecine, des matériaux précieux pour les » arts et les sciences. Enfin, parce qu'il est né- » cessaire d'éclairer les nations étrangères sur les » calomnies répandues avec profusion contre » nous par les Allemands et les Anglais, car les » pamphlets émis par les presses de Batavia et de » Calcutta ont nui davantage à la Révolution » française dans ces régions lointaines que l'ar- » tillerie de toutes les puissances liguées pour » nous asservir ».

On lui doit également un décret qui partageait

la France en cinq départements d'instruction publique, dirigés chacun par un représentant du peuple : Dupuis (de Seine-et-Oise), Barillon, Bailleul, Jars-Panvillier et Lakanal lui-même ; — l'achèvement et la publication du *Dictionnaire de l'Académie française*, votée le 17 septembre 1795 et exécutée en 1798 ; — enfin, une indemnité de 60,000 livres pour les professeurs du *Lycée*. Ce Lycée était un établissement fondé en 1786, sur les ruines du musée de Pilastre du Rozier, par Montmorin, Montesquiou et quelques autres. Les leçons de La Harpe l'ont rendu célèbre. Cette indemnité était d'autant plus nécessaire que, suivant les paroles de Lakanal, « la plupart des » gens de lettres étaient dans la misère ».

Élu membre du Conseil des Cinq-Cents, Lakanal fit partie du jury chargé d'examiner les ouvrages composés par ordre de la Convention pour servir de *manuels* aux professeurs publics. Le jury travailla pendant quinze mois sans désemparer et choisit Lakanal pour rapporteur. Les ouvrages examinés et le rapport n'ont d'intérêt qu'au point de vue historique. La France, en 1796, faisait de grandes choses et de petits livres.

A partir de cette époque, le rôle de Lakanal est terminé. Déjà, du reste, malgré ses longs services, son influence baissait dans le Comité d'instruction publique, où Daunou, avec peut-être autant de zèle, assurément avec plus de savoir-faire, avait fini par faire prévaloir ses vues. Mais l'examen de sa réforme ne rentre plus dans notre cadre.

Une dernière question, toutefois nous reste à

traiter. On a longuement discuté pour savoir si la fondation de l'Institut devait être attribuée à Daunou ou à Lakanal. Il est certain que Lakanal s'en faisait honneur, ainsi que Daunou, et peut-être avaient-ils raison tous les deux. C'est sur le rapport de Daunou que l'Institut fut créé, mais il se peut que Lakanal, membre de la Commission, ait contribué particulièrement à introduire le titre IV dans le projet. Ce débat n'a que peu de gravité pour quiconque se rappelle qu'il existait, avant la Révolution, une Académie Française, une Académie des sciences et une Académie des inscriptions et belles-lettres ; que Talleyrand et, après lui, Condorcet avaient fait d'un Institut national la clef de voûte de tout leur système d'enseignement public, et que Daunou dit expressément dans son rapport : « Nous avons emprunté de Talleyrand et de Condorcet le plan d'un Institut national, idée grande et majestueuse, dont l'exécution doit effacer en splendeur toutes les Académies des Rois ». Seulement, le projet de Daunou était plus pratique que celui de ses prédécesseurs ; il fut décrété, le décret fut exécuté, et ce décret, malgré de nombreuses modifications, est encore la Charte fondamentale de l'Institut.

Que conclure de ce qui précède ?

C'est que Talleyrand, Condorcet, Lakanal et Daunou sont les quatre hommes qui, sous la République, prirent une part glorieuse à l'organisation de l'enseignement. On leur a, depuis, emprunté, en grande partie, la loi sur l'instruction primaire. On leur doit l'Institut, l'École normale, l'École polytechnique, l'École de médecine. La puissance de créer leur avait souvent manqué par la faute des circonstances ; mais ils léguaient à leurs successeurs une législation complète, qu'on n'a pu que perfectionner.

Que conclure encore ?

Des écoles primaires jusque dans le dernier village, des écoles secondaires dans tous les chefs-lieux de département, un certain nombre d'écoles supérieures et d'écoles spéciales pour préparer aux services publics et donner une culture intellectuelle plus complète, des comités locaux chargés de surveiller les écoles de divers degrés, un pouvoir central siégeant à Paris et fondant l'unité de l'enseignement et de l'administration, tout cela se trouvait dans le rapport et le projet de M. de Talleyrand, et c'est l'Université tout entière. On a dit, quelquefois, que le Premier Consul avait fondé l'Université. Cela n'est pas vrai. La conception de l'instruction publique, telle qu'elle fonctionne en France depuis trois quarts de siècle, ne lui est pas due ; elle appartient, sans conteste, aux Assemblées révolutionnaires et aux quatre hommes que nous venons de citer, à Talleyrand. à Condorcet, à Lakanal, à Daunou. Sous le second Empire, un professeur, publiciste officiel, a cru devoir prendre une peine bien inutile pour chercher à démontrer que le premier Bonaparte avait calqué l'Université de France sur l'Université de Savoie, dont il aurait copié les statuts en passant à Turin. S'il lui prit quelque chose, ce ne put être que l'idée du monopole. L'Université créée sous le Consulat fut, en effet, investie d'un droit de monopole ; c'est-à-dire que l'enseignement fut désormais donné par elle seule, ou par des professeurs autorisés par elle, surveillés par elle et lui payant un tribut. Cette idée ne se trouvait ni dans M. de Talleyrand, ni dans Condorcet, ni dans Lakanal, ni dans Daunou, qui tous reconnaissaient les droits de l'enseignement libre. Voilà, au point de vue législatif, ce qu'il y eut de nouveau, et de tristement nouveau, dans le décret de 1806. Quand donc on attribue au gouvernement de 1806 la création de l'Université, on oublie qu'il a pris tout ce que cette institution a de bon dans les travaux des Assemblées républicaines, et qu'il n'y a ajouté que la négation absolue de la liberté d'enseignement. Il n'y a pas motif à se glorifier de cette innovation.

VI

LES DERNIÈRES ANNÉES DE LAKANAL

Lakanal n'était point le seul Français de marque que les impolitiques rancunes de la Restauration eussent contraint à chercher un refuge aux États-Unis. Joseph Bonaparte, Grouchy, Clauzel, Regnault de Saint-Jean-d'Angely, Lescalier et beaucoup d'autres l'y avaient déjà précédé : ils voulaient créer une colonie française dans l'Alabama, au Tombeckbée.

Le président Jefferson, qui reçut Lakanal avec des égards particuliers, s'empressa de lui concéder 500 acres de terres à coton dans le voisinage de ses compatriotes. Mais le nouveau réfugié, que l'existence de planteur effrayait quelque peu, se contenta de mettre son acte de propriété en lieu sûr, puis accepta du gouverneur de la Louisiane a flatteuse proposition d'organiser l'Université de la Nouvelle-Orléans et d'en conserver ensuite la présidence. Cet emploi rentrait dans ses goûts. C'est ainsi que sur cette terre, qui jadis avait été française, l'enseignement supérieur se trouvait remis aux mains de celui-là même auquel son ancienne métropole était redevable du même bienfait. Le hasard protestait ainsi contre l'ingratitude de la mère-patrie.

En 1823, Lakanal reçut, au moment où il se croyait complètement oublié de son pays d'origine, un exemplaire de l'*Histoire du Muséum* de M. Deleuze, avec cette suscription, qui venait le consoler dans son exil :

« A M. Lakanal, pour le remercier du décret du 10 juin 1793. Offert par les professeurs du Muséum d'histoire naturelle soussignés :

« *Vauquelin, Thouin, Desfontaines, Geoffroy Saint-Hilaire, Latreille, Cuvier, Laugier, Cordier, Jussieu, Lamarck, Brongniart, Lacépède* ».

Cette dédicace portait la date du 10 juin. Quand Lakanal avait fait agrandir le Muséum, les professeurs lui avaient écrit, le 11 nivôse an II, pour le remercier de ses efforts : « Vous êtes le second fondateur, et nous ne perdrons jamais de vue les services importants que vous lui avez rendus ». Ils tenaient noblement leur promesse. M. Despois a fort justement relevé cet épisode dans son *Vandalisme révolutionnaire*. « Si l'on se reporte au temps où ces lignes furent écrites, dit-il, si l'on se rappelle quelles implacables haines s'attachaient alors au souvenir des exilés qu'on nommait *régicides*, on devra le reconnaître, il y avait un certain mérite à se souvenir d'un service rendu par un *votant* ». On peut juger quelle émotion profonde et quelle fierté légitime Lakanal dut ressentir quand cet envoi imprévu lui parvint.

En 1825, jugeant sa tâche terminée, Lakanal se démit de ses fonctions et, sur le désir manifesté par le gouvernement de l'État, désigna son successeur, un autre Français réfugié, sorti de l'École polytechnique : puis, il partit pour le Tombeckbée. Mais, sa concession ne lui ayant pas convenu, il la vendit et acheta, avec le prix qu'il en reçut, une propriété, « belle et productive », selon ce qu'il en a dit lui-même, sur la baie de Mobile. C'est là que le surprit l'annonce de la Révolution de 1830. Il s'empressa d'offrir au nouveau souverain ses services. « Je puis encore être utile à ma patrie », écrivait-il à cette occasion à son ami Geoffroy Saint-Hilaire. Mais une nouvelle désillusion lui était réservée ; aucune réponse ne lui fut faite : bien plus, lorsque, à la date du 28 octobre 1832, les anciens membres de l'Institut proscrits furent réintégrés, son nom ne figura point sur la liste de rappel. Il fallut que l'Académie des sciences morales et politiques, donnant au gouvernement une leçon publique de convenance, appelât, par le vote unanime de sa séance du 22 mars 1834, Lakanal à venir de nouveau siéger dans son sein après dix-neuf ans d'absence.

M. Blanqui n'oublia pas de mentionner ce mémorable épisode, lequel peint si bien le régime de perpétuelle défiance qui inspira constamment le gouvernement de Juillet, lors des obsèques de son illustre collègue. « Encore est-ce vous, dit-il aux membres de l'Académie qui s'étaient joints au cortège, qui lui avez rendu l'existence possible en France, en le rappelant dans votre sein, et en lui restituant la modeste indemnité que nous tenons de la munificence de l'État. Sans votre intervention, le doyen de l'Institut et l'un de ses fondateurs, le conventionnel qui avait approvisionné et défendu nos places fortes, le créateur de vingt collèges, le défenseur des intérêts scientifiques au jour du danger serait mort dans l'exil ! »

Il fallut trois ans à Lakanal pour liquider son exploitation de Mobile ; mais il n'en retira que peu de chose. A son retour, on lui restitua sa pension de 3,000 francs, le plus clair de sa fortune. Néanmoins, malgré sa pauvreté relative et en dépit de ses soixante-dix-sept ans, ayant laissé sa fille mariée en Amérique et étant veuf, il n'hésita point à se remarier un an après, en 1839, et eut un fils. Il songea même, un instant, à redevenir député de l'Ariège ; mais la réflexion le dissuada de ce dessein. Il abandonna même l'idée de retourner dans son pays natal, et se logea au Marais, où il demeura jusqu'à sa mort.

« Il restera longtemps présent à nos souvenirs, a dit M. de Rémusat, ce vieillard grave et calme, dont les manières douces laissaient entrevoir l'énergie intérieure. Nous n'avions point de confrère plus exact, plus dévoué dans sa modestie silencieuse aux objets de nos études. Ses mœurs étaient simples, son caractère stoïque, ses opinions inébranlables. Invariablement fidèle aux pensées et aux souvenirs de sa jeunesse, son inflexible esprit avait résisté à toutes les épreuves. Son passé se lisait, en quelque sorte, sur son front sévère ; mais sa vieillesse était sereine. Il aima jusqu'au dernier jour son pays, ses amis, les lettres, et, quand le terme est venu, il a vu la mort sans crainte et sans regret ».

M. Mignet a confirmé ce témoignage. « Il joignit beaucoup de bienveillance à beaucoup d'énergie. On était tout surpris d'entendre des paroles douces et flatteuses sortir de cette bouche sévère, et de trouver un si grand goût de plaire avec un visage si sérieux et sous un regard si défiant. L'expression contenue de son visage venait des temps terribles où il avait vécu, et ce qu'il laissait passer d'aimable ou de bon à travers sa rudesse venait de sa nature ».

L'Académie s'honora en l'élisant vice-président pour l'année 1844 et en lui offrant la présidence pour l'année 1845 : mais Lakanal refusa cette dernière fonction, en s'excusant sur son grand âge.

Il avait quatre-vingt-deux ans, et sentait sa fin prochaine. En effet, il mourut le 14 février 1845. Sa pauvreté était telle qu'on ne put lui acheter une concession funèbre : d'après M. Jules Claretie, Lakanal fut enterré dans la fosse commune (1).

Tel a été l'homme dont la statue s'élève aujourd'hui dans la ville de Foix.

La Révolution de 1848 avait accordé une bourse dans un lycée à son fils, et à sa veuve une pension : le second Empire supprima l'une et l'autre.

En 1879, le Conseil municipal de Paris donnait le nom de Lakanal à une des rues de la capitale ; en même temps, le ministre de l'Instruction publique servait à sa veuve une pension plus digne des immenses services rendus par son mari : mais Mme Lakanal mourut peu de mois après. Du moins, sa fin aura été adoucie par ces deux actes de tardive justice.

Le gouvernement de la troisième République s'est souvenu de ce mot de l'économiste Blanqui : « On ne pleure pas des hommes tels que lui ; on les admire, et on tâche de les imiter ».

(1) Par suite de circonstances dont le détail est resté ignoré, l'*Eloge* de Lakanal fut retardé, à l'Institut, jusqu'en 1853, de telle sorte que, par un contraste assez piquant, l'homme qui avait si énergiquement résisté au premier Empire se trouva, finalement, loué publiquement sous le second. Mais il n'avait rien perdu pour attendre. Ce fut M. Mignet qui se chargea de ce soin. Sa *Notice* sur Lakanal n'est pas seulement écrite avec cette rare élégance qui est la perfection du style académique, mais encore elle est empreinte d'un libéralisme auquel l'heure où elle fut composée donnait encore plus de prix : elle réfute les calomnies dont Lakanal a été l'objet, et rend justice à ses rares vertus avec un accent qui rappelle les pages les plus éloquentes de l'éminent historien de la Révolution.

APPENDICE

LAKANAL LITTÉRATEUR

Le 16 septembre 1794 (29 fructidor an II), Lakanal lut devant la Convention, à l'occasion du transfert des cendres de Rousseau au Panthéon, un rapport dont il nous paraît curieux d'extraire quelques fragments suffisants à nous donner une idée du procédé littéraire de cet austère administrateur qui, lui aussi, se piqua parfois, à certaines heures, de faire montre de la phraséologie philosophico-sentimentale de l'époque. Nous y trouverons, notamment, un parallèle entre Mirabeau et le penseur genevois qui est un document à retenir.

..... Au moment, disait Lakanal, où tout un peuple fatigué d'un long esclavage est poussé vers la liberté par les excès du despotisme ; où, se débattant dans les fers, il n'a besoin pour les briser que d'un mouvement énergique et rapide ; où il s'agite dans tous les sens, cherchant la voie dont ses vieilles habitudes le tiennent encore écarté, n'ayant que le sentiment confus de ses droits, sans pouvoir trouver dans son langage trop longtemps asservi ces locutions puissantes qui font pâlir la tyrannie et commandent à l'esclave de s'affranchir ; — s'il se lève, par exemple, au milieu de ce peuple un homme dont l'éloquence mâle, la voix, les mouvements impétueux, la figure remarquable, fût-ce par sa laideur, frappent les regards, fixent l'attention et se gravent dans la mémoire ; si cet homme se jette dans le courant des premières agitations populaires; si, lorsque la Révolution bouillonne, il en précipite et en dirige le torrent, — son idée se joint bientôt à celle de la Révolution même, il forme, lui seul, une puissance, lui seul une de ces causes agissantes et terribles dont l'action simultanée change la face des Empires. Et le peuple, affranchi du joug, croyant l'être par lui, le poursuit d'applaudissements, environne de gloire sa pompe funèbre, invente pour lui des triomphes inusités et de nouvelles apothéoses.

Mais, à l'instant où il n'est plus, où ses moyens de séduction et ses prestiges personnels sont évanouis, où le cours des choses a emporté les circonstances, soit locales, soit temporaires, qui faisaient une partie de son influence et de sa renommée, s'il se découvre que cet homme fût vendu à d'autres intérêts qu'à ceux du peuple, qu'il fût le partisan secret, le complice du trône et l'instrument de la tyrannie ; si l'on ne voit plus à la place de ses talents avilis et de ses vertus imaginaires que vices, qu'intrigues, immoralité, corruption, — alors le peuple indigné se soulève contre sa mémoire, une juste vengeance renverse les monuments élevés par une reconnaissance aveugle, et l'idole, arrachée du sanctuaire, est brisée et foulée avec dédain.

Le même revers n'est point à craindre pour le grand homme que vous y allez placer ; seul, sans appui, sans prôneurs, il osa, au milieu d'un peuple endormi dans les fers, professer hautement, en face du despotisme, la science de la liberté. Dans un temps où tous les hommages étaient pour la naissance, les grandeurs, le crédit, les richesses, il fronda tous les vieux préjugés, proclama l'égalité naturelle, mit à leur véritable place, c'est-à-dire au niveau du néant, les rangs et les privilèges ; il heurta de front les gens en faveur, versa sur la coupable et stupide opulence tout le mépris de la sagesse et toute l'indignation de la vertu. Il fit plus : il tira d'un injuste et avilissant oubli les professions utiles ; il nous apprit à honorer le travail, la pauvreté, le malheur; à chercher dans l'humble atelier ou dans la chaumière obscure les vertus, les mœurs, la véritable dignité comme le vrai bonheur; en un mot à dédaigner tout ce que déifiaient l'insanité et la corruption des hommes, et à couvrir de considération et d'estime ce que méprisait leur fol orgueil.

Son âme ne respirait que pour la liberté des hommes, et voilà pourquoi il fut si étranger au milieu de ses contemporains ; il voulut les forcer à se connaître; ils s'étaient trop avilis devant les tyrans pour ne pas l'en punir. Pauvre, errant, persécuté par Genève, sa patrie, banni de deux îles hospitalières où il voulut s'ensevelir avec sa renommée, fuyant la France à la lueur des flammes qui dévoraient ses ouvrages, il doit avoir des autels chez les peuples libres celui qui ne trouva que des échafauds sous les tyrans !

Si les honneurs qui lui sont enfin rendus sont tardifs, ils n'en seront que plus durables, et nul retour d'opinion n'est à redouter pour lui, puisque la voix des peuples, qui les sollicite, est déjà la voix de la postérité.....

En lisant les fragments qui précèdent, il importe de ne pas oublier, d'une part, qu'une réaction violente venait d'éclater contre la mémoire de Mirabeau, trop avili après avoir été trop exalté, et, d'autre part, que les théories humanitaires de Rousseau comptaient, dans le sein de la Convention, presque autant d'adeptes enthousiastes que l'Assemblée comprenait de membres. C'est là une des notes distinctives de la grande période révolutionnaire, toute de contraste entre l'idée et les faits, mais que nous avons cru devoir faire ressortir.

TABLE DES MATIÈRES

PARIS. — IMP. CHAIX, SUCC. DE SAINT-OUEN. — 2462-2.

www.ingramcontent.com/pod-product-compliance
Lightning Source LLC
LaVergne TN
LVHW020048170826
845678LV00001B/494

* 9 7 8 2 3 2 9 6 8 3 6 5 2 *